03

2025.08
누군가의 고백

이혜좌 시집

도서출판 **평강**

이 혜 좌

고독한 詩作 속을 침범하는 꽃들의 향연, 주님은 그
詩作이 은혜 아니면 안 됨을 아는 자리에 앉히시고...

노을이 곱게 물든 고향 둑방길

저만치 사뿐사뿐 걸어 오는 발걸음

민들레 홀씨 같아라

그녀의 이마엔 무논에 일렁이는

잔물결 같은 주름살이 그어져 있다

그 주름살이 오선지 같아

그 위에 저 노을처럼 고운 노랫말을 올려 볼까

들꽃을 지나는 봄바람이

은은하고 훈훈한 휘파람을 불고

들꽃 향기가 곁에 와 품에 안긴다

들꽃도 은혜 아니면 꽃피울 수 없듯이

시인의 삶도 그러한데

그 은혜가 詩가 되어 님 앞에 다소곳하다

누군가 요즘, 어떻게 지내냐고 묻는다면 詩가 그녀 마음에 있어 견딜만하단다.

봄이 오면 뜨락에 꽃들이 지천으로 핀다.

고독한 詩作 속을 침범하는 꽃들의 향연, 주님은 그 詩作이 은혜 아니면 안 됨을 아는 자리에 앉히시고 흐트러진 은빛 머리카락을 쓸어 올려 주시며 못 자국으로 인한 까슬한 손으로 그녀의 볼을 감싼다.

그 거룩한 까슬함이, 시인의 작은 삶을 이해하시는 그 신실하심이 사랑하는 가족들과 이 詩를 읽는 모든 분께 전해지기를 바라며 들꽃 한 아름을 모두의 품에 안겨 드리고 싶은 마음으로 God bless you ~

〈추신〉

은혜로 출간하게 되는 詩集

축간사로 축하해 주시는 이비인후과 원장 이길수 장로님(남산교회)께 깊은 감사를 드리고, 곁에서 '詩란 말이지' 라고 잔소리해 주는 할아범 더욱 강건하길 바라고 시평을 해주신 김홍식 목사님(시인/평론가)께도 감사드립니다.

4

이 길 수

- 예수쟁이
- 창원남산교회 장로
- 이비인후과 전문의
- 복음의료보건인협회 대표

길을 걷다 보면 나도 모르게 눈이 돌아가는 때가 있습니다.
심지어 몸이 멈추어지는 때도 있지요.

그 땐, 그 땐 아마도 굉장히 아름다운 여인이 지나갈 때도 있
지만, 형용하기 어려운 울림이 순식간에 내 몸과 맘을 사로잡을
때입니다.

내 속에 없다고 생각했던 것이 그것으로 인해서 깨어날 때면
그 감정이 무엇인지 설명하기 어려우면서 그렇게 몸과 맘이
사로잡힐 때도 있습니다.

이혜좌님의 詩가 제게는 그런 경우인 것 같습니다.
부풀어져 터질 것만 같은 커다란 주머니 속에 가득 숨겨져 있는
엄청난 마음들, 생각들, 그리고 함성들....

고통과 아쉬움, 열정, 소망, 그리고 그것이 은혜, 감사, 사랑이
라는 모습으로 터져 나오는 그런 장면을 조마 조마 바라보는

마음입니다.

그러나 그것은 두려움이 아니라 빨리 보고 싶은 갈망인 것 같습니다.

또 없나? 하는 마음으로 자꾸 다음 책장을 넘기고 들여다 보는 그런 느낌....

요즘은 참 듣기도 보기도 느끼기도 힘든 "낱말"들이 존재감을 드러내며 총총히 다가올 땐, 금방이라도 나는 고함을 지르든지 눈물이 왈칵 쏟아질 것 같은 느낌에 소름이 돋습니다.

그러나 詩人은 결코 나의 속도에 맞장구 쳐주지는 않습니다.

그리고 그런 나를 배려하듯이 이혜좌님의 詩에서는 특유의 수줍음으로, 어머니 같은 다정함으로 나를 달래줍니다.

그제서야 난 숨을 고르고 다시한 번 찬찬히 시를 들여다 보게 됩니다.

그리고 그것은 나의 이야기일 수도 있고, 세상의 이야기일 수도 있고, 하나님의 이야기 일 수도 있다는 것을 깨닫게 됩니다.

아끼고 기다릴 줄 아는 지혜가 묻어있고, 죽은 듯 고요한 감정에 화톳불씨를 살리듯 살살 불어 살려내는 능력도 숨어 있습니다.

그 능력이 어디에서 나올까?

이혜좌님은 詩에서 그 답을 이야기 합니다.

『더 펴낼
  사랑이 없다고 느낄 때,

잠시 멈추고 잠잠히 기다립니다.
소리없는 기도
들으실 님이 계시기에
그냥 그 자리에 앉아만 있습니다.』

– 사랑이 차오를 때까지 中 –

그렇습니다. 그녀에게는 바로 "들으실 님"이 계시고, "잠잠히 기다릴 줄 아는 순종"이 있었습니다.

그녀는 항상 주님과 함께 있습니다.

그리고 주님께 이야기하고 주님께 이야기를 듣습니다.

그리고 그녀의 마음을 "누군가의 告白"으로 풀어내고 있습니다.

고희(古稀)가 넘은 연세임에도 작년에 이어 세 번째 시집을 발표하셔서 놀람과 부러움과 거룩한 질투심까지 느껴집니다.

이혜좌 시인에게 은사(恩賜)와 순종하는 마음을 주신 하나님께도 감사합니다. 詩人을 통해서 우리 모두에게 은혜와 사랑을 주신 하나님을 찬양합니다.

그리고 3집 발간을 축하드리며 오랫동안 건강하셔서 더 많은 詩로 우리의 삶을 풍성하게 해 주시기를 소망합니다.

목차 *Contents*

9

Contents

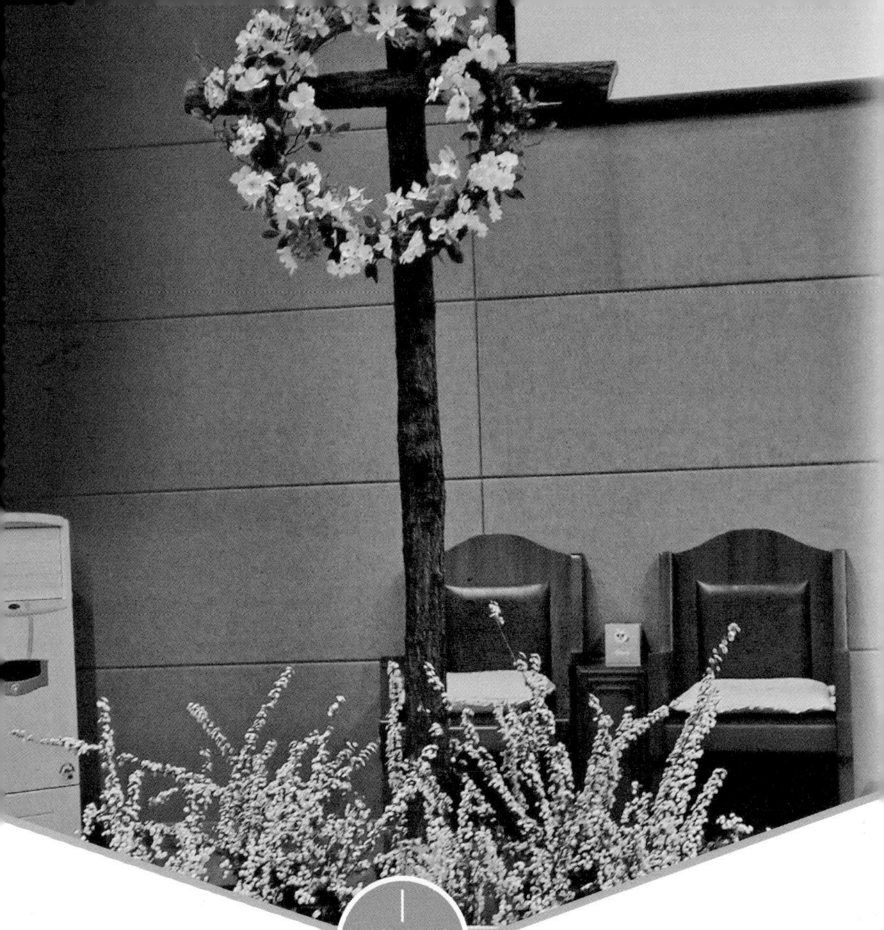

Lee Hye-jwa's Collection of Poems

| 1부 |

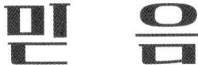

믿 음

거룩한 가정

뙤약볕
과수나무
맨 아랫가지
저 가지 없으면 어찌 바로 서리오

사려깊은 분별력
연한 순같은 자녀들
아비가 붙어있는 언약 나무 위에서
하늘 바라보는 법을 배운다

하늘 천사 창가에 내려와
어미의 기도 소리
대접에 담아 오르락내리락
곁에 잠든 아가 배시시 배네짓 한다

광야 길의 길동무

깊어가는 가을밤
광야 길의 길동무가 내민
연필로 쓴 손 편지
'생일 축하하오'

핑크빛 마음의 첫 발걸음
소리 없이 내렸던 함박눈
생각하면 애닯다

청년의 때에 만나 사랑을 하고
광야 학교에 입학시키신 하나님
월반을 시키시려 혹독하다

청춘, 그 모습 온데간데없고
귀밑 주름에 희끗희끗한 머릿결의 노신사
그가 그녀의 시선에 들어선다

어느새,
함께한 세월이 45년이라니
주의 사랑에 매여 한 곳을 바라보는 우리
서툴렀던 서로의 삶을 돌아보며 노년이란 옷을 입고 간다

그 사랑 앞에서

죄로 막힌 담 앞에
꼼짝달싹 못 하는
우릴 불러세우셔서

하나님의 신실하심과
그 자비하심에 우리를 묶어두시고
하나님만이 하실 수 있음을 보게 하시나이다

오오, 아버지
경건의 모양과 능력을
보이는 것에서 찾지 않게 하소서

다만, 예수를 기꺼이 죽이고서야
구원받은 죄인임을 늘 잊지 않게만 하옵소서

'하나님은 사랑이시라'
그 사랑 앞에서 우리가 변명하지 않게 하소서

너는 내 것이라

(복 있는 사람 권두시/사40~66장, 약)

주여,
우리의 그릇 행함과
허물이 창이 되어
주님의 옆구리를 찔렀나이다

그럼에도 불구하고
우리의 죽음까지 내려오셔서
'너는 내 것이라' 하시며
우리를 안아 올리셨나이다

주여,
우리의 허물이
이처럼 빽빽한 구름 같사온데
이 모든 것 도말(塗抹)하시고
우리 삶의 수레바퀴를 지켜주시나이다

주여,
'두려워 말라' 하신 그 능력의 말씀이
우리로 하여금 세상 악을 선으로 맞서는
용기가 되게 하옵시고 삶이 고난스럽다 해도
서로를 사랑하므로 넉넉히 견디게 하옵소서

네 발에 신을 벗으라

"네 발에 신을 벗으라"
이 엄청난 님의 말씀
듣지 못했어도

나는
내 자리에서
신을 벗습니다

교만의 신 오만의 신
벗어둔 그 신 떨쳐
맨발로 걷다 보니

자잘한 돌들
내 발걸음을 침범하고
누군가 내 발걸음에 발을 맞춘다

아! 님이신가

누군가의 고백

'님의
심오한 사랑

내 삶의 끝이
순교라 해도 흔들리지 않으리'

저 고백 위에
내 마음 살포시 얹어도 될까

또 하루의 새벽

새벽,
송홧가루 날리는
4월의 봄바람이 아직은 차다

새날,
새 하루를 주셨기에
기적 같은 하루가 시작된다

새벽 1시 30분
만물은 잠들어 고요한데
노년을 지내는 남편

저리도 일찍 잠 깨워
일터로 내보내는 주님의 마음도
측은히 여기시고 동행하시리라

할멈은
굽어진 할아범의 등을 보며
배웅 길에서 차마 돌아서지 못한다

그저,
땀 흘리는 동안
은혜로 충만하길 바랄 뿐

마음의 걸레질

새벽마다
내 마음을 살피려
말씀의 잣대 앞에 선다

때 꾸중 물 자국
그 자국 지우느라
안간힘을 쓴다

님의 옷자락이라도
만져 보려던 그 여인의 마음으로
지우다 만 흔적을 본다

기적 같은 하루
내 힘으로 안 되는 것
지워진 흔적을 보고서야 안다

부활의 계절에

(복 있는 사람 권두시/ 마 15장~28장, 왕상1~3장)

해 짧은 봄날
들꽃이 지천으로 피고 지고
그 속에 끼워둔 님의 쪽 편지

"깨어 있으라"
묵직한 님의 음성 심중에 울리고
흔들리는 냉이꽃 바람에 하얗다

예수 지신 십자가 뒤편
아버지께서 적어두신 그 절절한 마음이
탕감받은 우리에게 읽혀지는 부활의 계절

언덕배기 오래 묵은 동백나무 아래
툭! 투둑 떨어지는 붉은 동백꽃
주님 외치신 비명소리 같아서

산책길 사색(思索)도 깊어진다

부활의 주님

(복 있는 사람 권두시/ 막9장~16장, 신1장~12장)

과수원 울타리
탱자꽃 하얗게 필 때면
가시면류관 쓰신 주님 생각나

손발로 지은 죄
하도 많아 헤아릴 수 없고
저 탱자 가시에 찔린 마음 아려 오는데

멀건 대낮에
들려오는 닭 우는소리
주님 하신 말씀

어찌 잊으리오만
부지중에 잊고 사는
우리의 완악한 마음

그럼에도
우릴 안고
여기까지 오셨으니

그 마음 깊이 생각하게 하소서
그 마음 속속들이 닮아가게 하소서

새벽기도

어제
일이 과한 탓인지
잠자리를 떨치기 힘들어
민기적거리다 겨우 일어난다

예배당 문 열고
늘 앉던 자리에 앉는다
내 자리를 지킬 수 있다는 것이 은혜
기적같이 시작되는 하루가 은혜 안에 담긴다

님의 사랑에 겨워 콧등이 시큰하다
감사가 꽃같이 피어나고
기억에 묻혀 지내던 시골교회
김 목사가 기도의 순서를 기다린다

세밀하신
성령의 인도하심
마음을 읊조리며
이따 안부 전화라도 하리라

코뿔에 걸린
손주 녀석이 오는 날

무얼 해서 먹여야 입맛이 돌까
분주해지는 마음은 친정어머니께 물려받은 마음이다

소망의 기도 1

(복 있는 사람 권두시/ 히브리서, 막1~9장)

농부의 곳간
씨앗 될 알곡들이
봄볕을 기다리는 계절

고난으로
순종을 배우게 하심은
우리를 온전케 하려 하심이라

영원한
구원의 근원 되시는 주님
행여, 우리의 귀가 둔하지 않게 하옵시고

우리가 뿌린 복음의 씨앗
혹, 가시밭에 떨어진다 해도
떨어진 씨앗이 그 땅을 옥토 같게 하옵소서

위기 속에서
만들어지는 우리의 믿음은
하나님이 우리 아버지이시기 때문입니다

저리도
고운 매화 꽃잎 속에

님의 마음을 두신 것 같이

우리 삶에
매서운 바람이 불지라도
부활 소망으로 견디게 하옵소서

소망의 기도 2

(복 있는 사람 권두시/ 디도서, 빌레몬서, 누가복음 1-12장)

올해도 복 있는 사람으로 살게 하소서
소박한 우리 삶이 예배이게 하소서
얼음 박힌 겨울 지나 봄 오듯이
주님의 영광 꽉 껴안을 수 있는
그날까지 사랑도 기도도
주님 같게 하소서

소망의 기도 3

(복 있는 사람 권두시/ 욘, 벧후, 마1~15장)

주여,
얼음 박힌 대지 아래 봄을 두신 것 같이
우리 삶이 물고기 뱃속 같을지라도
구원은 여호와께 속하였음을 잊지 않게 하옵소서

주여,
우리 인생의 박넝쿨에
마음 빼앗기지 말게 하옵소서
우리 마음은 오직 주님 것이니이다

주여,
아버지의 그 보배로운 약속
우리 마음에 간직하게 하옵시고
신의 성품에 참여하는 믿음 되게 하옵소서

주여,
하나님이 우리 삶 중심에 계시도록
우리의 심령이 늘 소제(掃除)되어 있게 하옵시고
저리도 고운 매화향처럼 우리 삶에
은은한 예수 향기 나게 하옵소서

십자가

(복 있는 사람 권두시/ 누가복음, 스가랴)

님이 지고 가셨기에
더 질 십자가는 없는 줄 알았습니다

님이 고난 다 당하셨기에
더 당할 고난은 없는 줄 알았습니다

님이 다한 사랑이기에
그냥 받기만 하면 되는 줄 알았습니다

님이 지신 십자가에
비할 바는 못되지만

내가 져야 할 십자가가 있다는걸
한참 후에서야 알았습니다

그것마저도
님이 지고

나는 종종걸음으로
뒤따르기만 하는 그런 십자가입니다

십자가 사랑

(복 있는 사람 권두시/ 사 37~39장, 고후, 전도서)

우리의
죽음까지 내려오셔서

히스기야의 기도를 들으신 것같이
우리의 기도를 들으시고

한 뭉치 무화과로
우리 영혼의 종처에 붙이게 하신 사랑

그 사랑이 우리 안에 계시니
믿음 안에 있는가 확증하는 우리 모두의 삶이

그리스도의 향기로운 편지로
오직 하나님의 기쁨이게 하옵시고

해 아래서의 삶을
아버지의 지혜로만 채우게 하옵소서

아바 아버지

(복 있는 사람 권두시/ 레위기)

하루를
시작하고 마침이 님의 은혜라

무논에
비친 노을은 저리도 아름다운데

하루를 살아낸 시간
부지중에 지은 것 죄뿐이라

번제를 드린다면
몇 마리의 양이 있어야 할까

날 대신하여 죽을
그 양의 눈을 차마 마주할 수 있을까

찔림을 당해도
소리조차 내지 않는 그 순전한 눈빛
아, 아 차마 못할 짓이다

하나님은
우리의 이런 고통을 없애려
외아들을 제물로 내어놓으셨다

아, 아바 아버지

아버지의 마음

(복 있는 사람 권두시/ 왕상 3~22장)

이른 아침 문 열면
흐드러진 꽃향기
하루를 열기에 충분한 은혜

묵상하는
성경 속의 증언을
삶으로 들으라 하시고

솔로몬의 일천 번제와
스바 여왕의 방문
로뎀나무 아래의 엘리야
그 엘리야에게 임하신 하나님의 권능

이 모든 성경 속의 증언은
하나님 사랑과 이웃 사랑
이것이 전능하신 아버지의 마음이고 뜻일진대

우리의 미련함과 연약함에도
당신의 옆구리에 우리를 묶어 두려 하심은
하나님의 엄위하심을 다시 보게 하려 하심이라

우리의 실패를 지켜보시고
우리 책임의 한계를 허락하시는 그 은혜와 사랑이
우리 갑옷 솔기의 연약함도 메워주시리라

오직, 예수그리스도

(복 있는 사람 권두시/ 딤후, 살전, 느헤미야)

나와 싸우다
저물어 가는 하루

우리의 웃음으로
마음의 모서리를 둥글게 하시고

그 무엇도 님께 향하는 마음을 막을 수 없도록
말씀의 기둥에 우리를 묶어 두옵소서

믿음을 지키느라 당하는 고난
행여, 이로 인해 우리 마음의 성벽이 무너지지 않게 하
옵시고

우리 삶이 마음대로 되지 않음을 알 때까지
참고, 넘어가고, 용서할 수 있는 사람으로 자라가게 하
옵소서

예수그리스도의 복음으로 인한 이 기쁨이
우리의 힘이 되고 능력이 됨을 알게 하옵시고

성전 중심, 말씀 중심으로 살았던 부모 세대의 삶이
우리 자녀들에게도 도도(滔滔)히 흐르게 하옵소서

오늘 같은 날

재잘 거리던 손주들이 떠나니
고요함이 2월 바람처럼 휘감는다

성전에 올라가
두어 시간 우두커니 앉았다 온다

아무 말 안 해도
내 마음 아실 것이기에

님은 그렇게라도
내 앉을 자리를 확인시킨다

오늘 같은 날
내 고백이 그분께 기쁨이 된다면

'예수 이름 높이세'로
하루를 마무리할 것 같다

오직 나와 내 집은

(복 있는 사람 권두시/ 여호수아, 호세아)

검붉은 노을 등지고
여리고에 숨어든 두 장정
그들의 심장 뛰는 소리 들리는 듯

굳게 닫힌 성문
숨죽이며 숨어든 라합의 집
민첩하게 움직이는 여인의 발걸음

상천하지(上天下地)의 하나님이
그녀의 두려움을 잠재우기에 충분하고
두 장정의 서약(誓約)이 라합의 창문에 붉은 줄 되어
드리운다

밤이 맞도록
기도 했을 여호수아
기이한 일을 행하신 여호와
길갈에 세워진 열두 돌

범죄한 우리를 기어이 찾아오셔서
구원받았음의 영광을 잊지 않게 하시고
당신의 자녀 됨을 드러내어 주시는 여호와

이 영광된 구원의 깃발을
후손들이 볼 수 있는 길갈에 세우게 하시고
보는 이마다 예수 이름 높이며 노래하게 하옵소서

은혜 아니면

(복 있는 사람 권두시/ 사 1~36장)

초저녁 산책길에
개구리 우는소리 정겨운데

오늘을 돌아보는 시간
우리의 선택을 하나님 뜻에 맞추려 애쓴 하루

우리 삶의 깊이를 재시는 주께서
옅은 우리의 믿음까지 지키게 하시나이다

은혜의 주인 되시는 주님
우리 삶의 역사 가운데 계심에 감사하옵고

님의 엄중한 말씀이
약속의 증표가 되어 우리를 소망으로 이끄시는 주님

날마다의 우리 삶에
은혜를 가리는 그 무엇도 없게 하옵소서

그 무엇도 없게 하옵소서

코람데오

(복 있는 사람 권두시/ 나훔, 요한계시록)

추수 마친 논
산 그림자 길게 내려오고
그루터기 쪼아대는 기러기 떼
퍼더득 몰려 다니는 계절

성경 속
노하기를 더디 하시는 야훼께서
잠시 아끼셨던 니느웨여
엄위하신 하나님의 말씀 앞에 선 앗수르여

교리를
신실히 붙잡는 에베소 교회여
추상같은 책망으로
권고받는 사데 교회여

해보다
더 밝은 빛 아래
드러날 우리의 죄악이여
비수같이 날아들 그날이여

문밖에 서서
두드리는 님의 음성

아, 아 진실로
속히 오실 주님이시여

경배와 찬양받기에
합당하신 어린 양이시여

한여름 밤의 기도

(복 있는 사람 권두시/ 벧전, 역대상)

돔부콩 울타리
꽃들 수다떠는 소리에
달님 은빛 가루 뿌리고

건너방서 들려오는
아비의 기도소리..
사려 깊은 분별력 주옵소서

부모에게 주신 언약
자녀들도 잊지 않게 하옵시고
오직 주께 영광되게 하옵소서

어미의
거룩한 분별력이
마음의 허리를 더욱 동이게 하옵시고

우리의 삶이
비록, 고달프다 할지라도
부활 소망으로 견디게 하옵소서

| 2부 |

그 리 움

농부의 아내

소나기 후두둑 소리에
하얀 고추꽃
놀라서 떨어지고

장독대
열어둔 뚜껑 닫느라
아낙네의 바쁜 발걸음

까맣게 그을린 얼굴
활짝 웃는 모습
가지런한 치아가 고추꽃같이 예쁘다

님이신가 보옵니다

봄 결에 귀밑 바람이
향기로워 아래턱을 살포시 들고

눈 지그시 감아
꽃들의 향연 속으로 두 팔을 벌립니다

송정리 뜨락엔
목련 나무 까치 무동 태우고

온갖 수다 다 들으며
싫은 내색 않으니 까치는 신이 났습니다

하늘 가득 휘날리는 살구 꽃잎
은빛 머리카락에 내려앉는 꽃향기가

아, 아 부활의 소망 주신
우리 님이신가 보옵니다

한 번도 뵈온 적 없지만
날 사랑한다 편지 써 보내신

꿈결이라도 뵈옵고 싶은
나의 님이신가 보옵니다

뜨락이 쓰는 詩

송정리 뜨락
투둑투둑 떨어지는 나뭇가지
서로 방해되는 가지는 가위질을 당한다

봄이 오면
꽃들이 예쁠 텐데
가지를 자르자니 미안한 생각이 든다

앵두나무
연분홍 꽃봉오리가 하얗게 피는 것이 예뻐 심었다
앵두꽃이 필 때면 보는 이의 마음도 하얗다

송정리 뜨락
감나무 단풍잎 떨어져
배춧잎 사이에 꽂히고

시인의 뜨락에는
꽃과 바람과 낙엽이 시를 쓴다
시인은 우두커니 그 시를 다 읽는다

마음의 소리

홀로의 시간을
침범하는 전화벨 소리
그 시간을 빠져나오는 데는 시간이 걸린다

전화 너머의 말, 내용은 없다
그럼에도 그 말 다 들어 주는 것은
그가 말이 하고 싶어서 전화한 걸 알기 때문이다

물이 지나가면 돌이 남듯이
그녀의 마음이 남아
기도 제목이 된다

바람이 보드라운 봄날
애절한 그리움마저 어디서 잃어버렸는지
홀로 멍하니 피어오르는 아지랑이 속에 시선을 둔다

짙어가는 봄
꽃잎이 하나둘 떨어지는 송정리의 봄은
내 시간 앞을 또 그렇게 지나가려나 보다

목화솜 이불

시집올 때 어머니 만들어 주신
목화솜 이불을 털었다
추울새라 솜을 많이 넣은 어머니의 사랑
무거워서 얼마 덮지 못한 이불
어머니의 냄새일까
모란의 향내일까
버릴까 하다가도
어머니 사랑까지 버리는 것 같아
껴안고 지낸 세월이 47년

못난이 엄마의 고백

수국이 만발한 계절
모처럼 아들과 까페에서
이런저런 이야기를 나누다
아들의 얼굴을 훔쳐 본다
웃으면 보조개가 매력인 남자
치아가 왼쪽으로 살짝 쏠려있음이 눈에 들어온다
교정의 시기를 놓쳐 미안한 마음 가득하다
삶에 치여 아들의 치아가 그런지 몰랐다
아들의 쓸쓸함도 어미 사랑이 필요했던
그 어린 시간도 모르고 살았던
오호라, 나는 못난이 엄마다.
아들이 아프고 나서야 아들을 알게 되는 못난이 엄마
그동안의 삶이 어쨌든지 간에
엄마는 아들을 잘 모르고 살았다
객지에서 그저 잘 지내겠거니 했다
어미의 상처만큼 저 아들에게도 있었을 상처
얼마나 아팠을까
요게벳이 갈 상자에 모세를 넣어 띄워 보내듯이
다시 세상으로 보낸다
목소리 나긋하고 눈웃음이 매력적인 아들이
저만치 가고 있다
한참이나 바라보는 어미의 시선을 느꼈는지

뒤돌아 보고 웃는다
지척에 살고 있으니 보고 싶다 하면 또 오겠거니
스스로를 위로하는 어미의 안타까움이
시간에 업혀 느릿느릿 그림자를 만들며 가고 있다
잘 견디고 이겨내어 건강하고,
가족을 만들어 외롭지 않게 살길 바라며
늘, 행복 하거라

문득 그리움

섣달그믐 날 저녁
일찍 자면 눈썹 희어진다며
잠들지 못하게 하셨던 작은 오라버니

나즈막히 들려주시던 노랫소리와
살얼음 박힌 동치미 꺼내
길게 썰어 한입 베어 물던 그 시절이 그립다

우리는 작은 오라버니 하모니카 부는 모습
웃으면 덧니가 예쁜 작은 오라버니를 좋아한다.
그런 작은 오라버니 거동이 불편하다는 소식

오늘,
섣달그믐 날 밤에
혼자 길 나서지 못하는 두 언니 모시고
오라버니 뵙고 지난번 주고받은 이야기 또 나누며
밤 지새어 볼 요량으로 수화기를 든다.

사색하는 오후

백일홍 꽃잎 떠난 자리
덩그러니 남아 있는 씨앗
각가지 고운 색들을 담았던 꽃들의 결정체

씨앗만 봐서는
분별 안 되는 짙은 갈색
저마다의 소망을 품고
이듬해의 봄을 기다린다

사람들은
사랑이 뭐라고
말들 하지만
꽃잎 떨군 저 씨앗들보다 철없다

한 여름날
속 깊은 사랑 주고받다가
바람에 말려진 꽃대 끝 씨앗들
흔들리며 바스락대는 저 갈색의 너그러움

갈바람의 휘파람이
저들의 언어로 자장가 되고
지켜보는 할미의 감탄을 느끼며
백일홍 꽃대는 스르르 잠이 든다

송정리 그 집에 가면

대문 앞 배롱나무
마중 나와 이마를 툭 친다

가을바람이
목련 나무에 걸터앉아

나뭇잎 여럿 따서
마중 보내고

빨랫줄 거미
화들짝 놀라 뒤뚱뒤뚱 달아난다

안부가 궁금했던
송정리 뜨락

색바랜 수국 꾸벅꾸벅 졸고
다홍색 꽈리 색깔도 곱다

갈색 옷을 갈아입은 바질
씨앗 가득 만들어 나를 반긴다

송정리에서

살구나무 아래
새콤달콤한 바람이 분다

저 꽃잎 다 떨어지면
누가 날 기다릴꼬

남겨진 꽃받침
울어 눈이 붉다

편지를 쓸라치면
살구 꽃잎에다 쓰리

바람 몸살을 앓는
네게 가 닿도록

송정리의 전원(田園)

아침노을이
옆으로 길게 누웠다 갈 모양이다

시인은
봄꽃들이 쓰는
詩를 읽으려 뜨락에 나선다

어머니의 꽃
모란은 참 곱기도 하지
그리움을 꽃잎 속에 꽂아둔다

봄 햇살
뜀박질 하다
앵두 하얀 꽃잎에 앉아
서산을 보며 숨 고르기를 한다

벚나무 벚꽃
휘리릭 휘리릭
너도나도 뛰어내리니
하염없는 마음이 쓸쓸하다

쉼터

버려진 큰 화분에
키만큼 자란 전나무
분갈이하고 나니 새들이 찾아든다

그 아래
대야에 물을 담아 둔다
불볕더위에
몃이라도 감으라고

길고양이
며칠째 오더니
그 물을 지킨다 자기 것 인양

고양이 잠들라치면
새들 내려와 날개를 적신다

화들짝 잠 깬 고양이
할미 눈치 보느라 살금살금

제법 큰 대야에 담긴 물은
새들의 노천탕이 된다

실개천 물소리

실개천 따라
내달리던 시절

감꽃 목걸이
목에 걸고 너 하나 나 하나

입에 넣고
마주 보며 우헤헤

지금도 들리는
고향마을 실개천 물소리

바지 걷어 올리고
첨벙거리다 얼굴에 물 찍어 바른다

물속에
노을 비치면

친구들 하나둘
집으로 돌아가고

혼자 우두커니 섰는데
물 지나간 개천에 자잘한 돌만 남는다

아! 송정리여

살구꽃 만발한
그 나무 아래 서면
바람결에 휘날리는 꽃잎

살구꽃 향기
품격 있는 님의 사랑
할멈의 마음에 스며든다

그 엷은 꽃잎에
새겨진 부활 사랑이
은은한 꽃향기에 포개이고

송정리 뜨락에 서면
내 삶에 길어 오르는 물
함께 하시는 사랑이 맑고도 깊다

아, 가을이여

상념(想念)을 비우려
산책길을 나서려니

시월 바람이
목덜미에 서늘하다

옷깃을 세우고
잰 발걸음 옮기려니

억새꽃도
내 머리카락도 하얗게 나부낀다

피어나는 억새꽃 속에
비워야 할 상념(想念)들을 끼워 둔다

아, 꽃잎이여

누군가가
이리도 그리운 봄날
살구 연분홍 꽃잎이
목덜미에 내려앉고
살구꽃 향기 마음에 들어선다

아버지

내 마음의
큰 나무인 아버지
이리도 그립고 보고 싶은 날
내 삶의 그림책인 당신을 펼쳐 봅니다

호야 등 심지 돋우고
쉬이 잠들지 못하는 아내 위해
책 읽어 주시던 세상 멋진 남자
당신이 나의 아버지셨습니다

늘 병석에 계셨어도
말끔하셨던 멋스런 남자
그윽한 웃음으로
아내의 수고를 격려하는 남자

참꽃 온 산을 물들이던 봄
큰 눈 스르르 감으신 날
음력 4월3일 하늘은 잿빛
그렇게 떠나신 아버지

송홧가루
품어대는 봄날

하얀 행주가 노랗게 물들도록
장독 위에 수북히 쌓인 그리움도 노랗다

어느 날의 일기 1

송정리의 석양
저리도 눈부신 얼굴을 하고
눈시울을 붉히며 기다린다

몸살인가
하루를 돌아보면 분명 은혜인데
어찌 이리도 고달픈지 모르겠다

누군가의 안부가 궁금한 밤
쉬이 잠들면 안될 것 같은 밤
마음은 빨주노초 무지개

마음이 허허롭다
아들은 잘 지내고 있을까
명치끝이 아프다 못해 시리다

님이 안고 계실 터인데
염려하는 나를 다독이는
송정리의 밤은 참 고요하다

어느 날의 일기 2

일 끝낸 해질녘
기분 좋은 느긋함이
님 앞에 올려지고

저리도 고운 노을을 보며
돌아갈 집이 있다는 것이
하루를 살아낸 삶에 주시는

님의 선물 같아서
님의 포근한 마음 같아서
한량없는 님의 은총 같아서

이리도 눈물이 나는 것인가

굵어진 손마디
볼품없는 아낙의 손
손톱 밑에 끼인 풀물

한 사흘 지나야 빠질성 싶다
온 가족이 오물거릴 식탁과 바꾼
기분 좋은 피곤함이 오늘도 감사로 충만하다

어떤 기다림

두 눈을 스르르 감습니다
그리고 아래턱을 살며시 내밀어 긴 호흡을 합니다

바람이 데려다 둔
은목서 꽃향기가 참으로 향기롭습니다

이맘때쯤이면
괜스레 동구 밖에 마음을 보냅니다

한 보따리
추억을 챙겨 갈 요량으로

고향을 찾는 친구들
개구쟁이 얼굴을 하고 서로를 반깁니다

그런데 한 사람이 보이지 않습니다
묻지도 않는데 먼저 떠났다 합니다

애써, 못 들은 척
자꾸만 동구 밖으로 시선을 두는 것은

그녀가 환하게 웃으며
곧 나타날 것만 같아서입니다

65

어머니

은은한 모란 향기
마음에 가득하고

장미꽃 향기
그윽한데

이리도 마음이 아린 것은
어머니 당신이 그립기 때문입니다

어머니의 세월을 훌쩍 넘긴 새벽에

서리 하얗게
내리는 동짓달 깊은 밤

첫닭 울 때쯤
걷어차 버린 이불
끌어다 덮어주시던 손길의 안온함

아궁이 굼불 지피고
들어서는 어머니 치맛자락에
묻혀 오는 새벽 찬바람

이불 걷어차고 자는
손주 녀석 한참이나 내려다보니
어머니 더욱 그리운 이 새벽

어버이날

초대받은 식탁
할아범 자녀들을 마음껏 축복하고
내리사랑 은혜가 손주에게 덮힌다

사랑스런 손주
품에 안기며
그동안의 그리움을 눈으로 나눈다

어버이 기도는
님의 말씀에 온 가족을 동여매고
믿음으로 나아가니 오! 할렐루야

돌아오는 길
벌써 아이들이 보고 싶어
애써 차창 밖 푸르름에 시선을 둔다

오, 나의 친구여

꽃잎이
저리도 아름답고
바람은 또 이리 부드러운데
마음이 아려 오는 것은 왜일까

살면서 만나는 어려움
괜찮아 그럴 때도 있어
우리가 있잖아
우정어린 위로가 필요한데

한 번쯤은 참으로 한 번쯤은
힘드노라 말하고 싶은데
속엣말 털어놓을 친구
아무리 생각해도 주님뿐이라

세상살이 팍팍하고
왈칵 서러움이 몰려올 때
자잘한 내 삶을 이해하시는 이
오직 나의 친구 되신 예수 그리스도

외롭고 싶은 날

가을을
더 느끼고 싶어
따끈한 차 한잔 들고 뜨락에 나선다

목련 나뭇잎
스륵 소리 내며 곁에 앉음은
홀로인 내 곁에 동무하고 싶은 모양이다

저 푸른 하늘
하얀 구름 몇 조각
그라데이션을 그린다

적상추도
푸른 잎 케일도
으스스한 바람에 팔짱을 낀다

텃밭 할미의 놀이터
짚으로 허리를 동여 매인 배추에
은행잎이 화살처럼 노랗게 꽂힌다

찻잔 속
차는 아직 남아 있는데
바람이 들어앉아 차를 식힌다

지울 수 없는 아픔

청보라 수국
갈색 얼굴로 잠드는 계절

눈웃음 닮은 남자
불혹의 나이를 훌쩍 넘긴다

저 멋스런 남자
님이 어미에게 주신 선물

먼저 간 아이 그리워하느라
곁에 있는 아이의 외로움을 몰랐다

기억 속에
박혀 있는 저 아픔과 외로운 마음들

조금씩
덜어냈으면 좋으련만

그것마저
은혜 아니면 안 됨을 이제서야 안다

추억은 두레박에 담겨

야트막한 동산
친구와 뛰놀던 곳

아카시아 줄기로 펌한
서로의 모습이 거울 되어 까르르

골목마다 웃음소리 뛰어나오던 곳
모두 떠나온 이의 마음속에만 있다

변해버린 고향은 이미 낯선데
꿈속, 그 꿈결에서 고향의 내음을 맡는다

그리움의 우물가에
동무들의 수다가 첨벙거리고

추억들 언뜻언뜻 퍼 올리는 날에는
어김없이 고향이 그리운 날

추억의 가마솥

가을,
고향의 가마솥은
집집마다의 큰 일군

가을걷이 끝나면
메주콩 우거지
소 뼈다귀 뭉근히 끓인다

가마솥 안
겨울 주전부리 가득
고구마도 삶고 조청도 만든다

아궁이 앞에 앉으면
가마솥에 흐르는 눈물 따라
어머니의 수고로움이 흐른다

반질반질 가마솥 옆
봄날, 진달래 몇 송이 꽂혀 있던
어머니의 그 서정이 그립다

할비의 기타 소리

늦봄
뜨락의 꽃들은
속절없이 떠나고

몇 주째 같은 소리만
팅 띵 팅
기타 줄 팅기는 저 소리

들녘,
보리밭 휘젓고 다니는
오월의 바람 소리와도 같아라

언제쯤
지그시 눈 감고 들을 수 있는
연주가 가능할까?

할아버지 그리운 날 갈치를 굽는다

오월 햇살이 보드랍고
보리 반쯤 익어가는 논 귀퉁이
고소한 연기 모락모락
할아버지 손 위에
잘 구워진 밀 이삭이 비벼져 있다
아~하고 입 벌리는 소녀
잘 구워진
밀 한 줌 쫀득하니 고소하다
오물대는 모습에 할아버지 미소가
노을에 비쳐 눈부시다

집으로 돌아오는 길
할아버지 손안에 잡힌
작은 손은 꼼지락꼼지락 행복하다
어머니 검정 묻은 얼굴 보시더니
괜히 할아버지 귀찮게 '어서 씻으라'
할아버지 거칠고 굵은 손이
내 얼굴을 씻기시며 눈 찡긋
도톰한 갈치
석쇠에 올려져 껍질이 들썩이고
할아버지 눈짓으로 손녀를 밥상으로 부르신다

할미가 된 손녀
냉장고에서 갈치를 꺼낸다
할아버지 그리움에

| 3부 |

계 절

7월의 전원

하늘은 푸르고
뭉게구름 두둥실 햇살 뜨겁게 달구는데

바람은 휘이휘이
청포도 나무 아래에 숨어들고

농로를 건너온 개구리 헐떡헐떡
논두렁콩 짧은 그늘을 피난처로 삼는다

농부의 대문 앞
채송화 봉선화 달맞이꽃 피고 지고

아무렇게나 벗어둔
농부의 장화 곁에 고양이 졸고 있다

7월이여

배롱나무 주름진 꽃잎에
뜨거운 햇살도 쉬어가고

과수원 배 봉지 부푸는 소리에
과원 지기 엷은 미소 배꽃 같아라

뜨겁게 퍼붓던 사랑
8월 배나무에 걸어두고

7월의 달력은
서산 노을 따라 넘어간다

8월 장미

비 맞은 장미
어쩌다가 지금 피었을까

초등학교 울타리
빛바랜 꽃잎들 핑크빛이 애처롭다

꽃잎에 맺힌 것은
빗물인가 눈물인가

광복의 날
나라 걱정 한 짐일세

강가의 봄

봄이 강물 위로 흐르고
강물이 봄을 안고 흐른다

저만치 서 있는 수양버들
흐르는 강물 위에 연둣빛 머리카락 드리우고

봄 햇살에 노곤한 나그네
건너편 강가의 끝자락을 본다

강물 위에 내리는 비

수양버들 얼음 박힌 강가에
저리 누워서도 잎을 내려는가

빗물 머금은 가지 끝마다
나무가 보낸 세월이 보인다

강변 수양버들
연둣빛 물오르는 소리

온종일 내리는 비
차이코프스키의 〈사계〉를 듣는 것처럼

오늘의 빗소리는 참 좋다

겨울비

사흘째
낙엽 위에 떨어지는 빗소리
난롯가에서 시간이 꾸벅 졸고 있다

뜨락의 낙엽은
빗소리 배웅 들으며
흙으로 돌아가고

따끈한 우엉차
한잔 들고 창가에 섰는데
시간과 팔씨름하며 차를 식힌다

송정리의 뜨락은
누가 그리운지도 모를 그리움으로
사흘째 오는 저 비를 다 맞고 섰다

광복의 달

새벽 2시
밤이슬 내리는 시간
어디선가 들리는 듯한
만세 소리 마음에 울리고

오늘이
우리 남은 인생의 첫날
'세월을 아끼라' 말씀의 깃발을 세운다

팔월, 광복의 달
선진들이 목청껏 만세 불렀던 날
대한독립 만세! 나랏님들 저 만세 소리 잊지 마시라

은혜로 세워진 건국
별 초롱초롱 하늘에서 정겹고
뜨락 무화과 익어가는 소리
자장가 되어 새벽잠 두어 시간 더 재운다

넝쿨장미의 추억

담장 너머
흐드러진 장미
하양 분홍 빨강 곱게도 핀다

둘째 녀석 초등학교 하굣길
그 장미 앞에 섰다가
문 열고 나온 주인댁 아저씨께
얻어온 장미 한 송이

시들까 싶어 잰걸음으로 와서
어미 앞에 내밀며 '어머니 선물'
상기된 그 표정을 지금도 잊지 못한다

장미 피는 오월이면
생각나는 어미의 추억 한 토막
59년 전이나 지금이나 장미는 늘 예쁘다

노을은

지친 노을
내 등에 업히니
짧아진 내 그림자도 따라 업힌다

감나무 단풍잎
스륵 스륵 떨어지고
까치가 파먹다 남겨 둔 감 대롱대롱

속 시끄러운 마음
꺼내보기 좋은 둑방길
듬성듬성 꽃들은 씨앗을 맺고

노을은
억새꽃 붓으로 내 마음에
가을바람을 그린다

눈 내리던 날

오르간 소리에
신랑 신부 발맞추어
첫발을 내딛던 날

창밖,
하얀 눈 소리 없이
예배당 뜰에 발자국을 만들고

신부의 마음속
출입 어려운 홀어머니 생각에
눈앞이 뿌옇다

47년 후,
아직도 내 마음에
함박눈 느릿느릿 내리고

단아하고 고운
어머니의 멋스러움이
내 추억 속의 詩로 남아 있다

늦가을의 전원

자드락 과수원에
감 몇 개가 댕강댕강
감나무 단풍잎 스륵 스륵 떨어지고

이집 저집
메주 만드느라
콩 삶는 냄새가 구수하다

춥다며 들어서는 할아범
앞니 몇 개 드러내며
쪼르르 기어가는 손주녀석

가을은 숭숭 구멍 난 낙엽처럼
떠날 채비를 마치고
배웅 길 오른 노을빛
까치가 파먹다 남긴 감 홍시처럼 붉다

봄날

산속에 핀 목련이여
옛사람은 가고 없어라
분명 집터였을 그곳에

어쩌다 찾는
길손의 발걸음이 그리도 반가워
울음 섞인 웃음으로 반기려는가

무너진 흙담 옆 한 그루의 벚나무
화사한 벚꽃 사이로 봄바람이 드나드는데
외롭긴 매한가지

꽃잎 휘날리면
먼 곳까지 날려 보내렴
네가 그곳에 산다는 꽃 편지 접어서

봄비

뜨락에도
텃밭에도
저 숲속에도
봄비가 잠을 깨우고 다닌다

토동토동
빗소리 대야에 넘치고
마음 나눌 이 불러
커피 향이라도 맡아볼까

송정리 뜨락은
어느새 말끔 하다
하얀 매화 꽃잎처럼
어머니 정갈한 미소처럼

고요한 시간
아, 어머니 보고 싶은 마음이
정원 꽃잎마다의 끝에
방울방울 맺힌다

아, 시월인가요

이 가을에
풍성한 바람결이
귀밑을 스치니 좋습니다

누군가를 그리워하며
그 그리움을 마중할 수 있는
마중 길이 있어 좋습니다

시월은
묻어둔 사랑
꺼내보기 좋은 계절

님의 사랑이
눈물겹도록 감사한 계절
이 가을의 호젓한 들녘이

홀로 걷는
산책길이라도 좋습니다
낮달이 동무하는 바람결 좋은 길이니까요

오월의 고백

(24년 5,6월호 권두시/신 13~34장, 빌립보서)

바람이
데려다 놓은 찔레 향
기도의 응답 인양 주변을 에워싸고

친히,
우리의 하나님이 되시려
언약 주신 그 사랑 앞에

복음에
합당한 삶을 살지 못하는
이 봄날의 안타까움

삶에 묻어오는 죄
떨구느라 엎드리는 이 한밤
야훼만 남을 때까지 일어나지 못합니다

철없는 꽃

어쩔거나
천리향 한번 더 꽃 피우니

측은하여
매일 들여다 보는데

꽃향기 담는
꽃주머니는 텅 비었나보다

아무리 코를 갖다 대어도
향기 한 점 없는 저 꽃

행여,
내 모습이면 어쩌나

하얀 냉이꽃

냉이꽃 사이로
드나드는 알싸한 바람결

작디작은 꽃송이 옹기종기
바람에 흔들려 서로를 부등켜 안고

꽃샘추위 견디느라 파르르
곁에 핀 노란 민들레 햇살에 눈 부시다

꽃 앞에 쪼그리고 앉으니
고향 바람이 전해주는 소식 '네 안부 묻더라'

그렇게 먼저 간 친구 생각
한 잎 따서 입에 넣으니 콧등 찡하다

웃음이 고운
그녀의 가지런한 치아같이
흔들리는 냉이꽃 바람에 하얗다

| 4부 |

사 랑

그리운 오라버니

바람은 풀잎을 흔들며
가을 웃음을 웃는다

비스듬한 언덕
누워 있는 누렁댕이 호박 사이

빼꼼이 얼굴 내미는
구절초 꽃송이 바람과 손잡고 왈츠를 춘다

깊어가는 가을
바람은 뜨락의 지푸라기 몰고 다니다

마중 길 나온
오라버니처럼 휘파람을 분다

그리움 1

이 밤,
남몰래 흐르는 눈물
꽃잎에 떨어지니
그 아이 얼굴이 거기에 있고

남몰래
즈린 가슴 달빛에 두니
그 아이 찬송 소리
귓가에 맴도네

그 아이의 짧은 삶에
님의 은혜가 줄지어 서고
어미를 키워가는
님의 계획도 한없이 깊다

어미가 미덥지 못해
님이 데려가 곁에 두시는데
그곳의 어떠함을 알기에
이 밤, 그 그리움을 덮고 또 덮는다

그리움 2

언니가 없는
서울을 마음에서 지운다

언니가 살 때는 이유 없이 정겹더니
이제 오래 묶여 둔 빈집 같다

언니의 수많은 발자국도
바람에 쓸려 흔적도 없다

웃음소리도
그녀의 반기는 목소리도
이젠 듣지 못하는데

서울, 생각만 해도
울 작은 언니가 그리움 되어
바람에 날리는 꽃잎 같다

내 마음의 그림책

어머니는
새벽잠이 없는 줄 알았습니다

어머니의 발걸음은
늘 종종걸음인 줄 알았습니다

어머니의 손톱은
자라지 않는 줄 알았습니다

어머니의 풀물 든 앞치마는
원래 그런 줄로만 알았습니다

어머니, 당신의 부지런하고 너그러운 삶은
내 마음의 아름다운 그림책으로 남아 있습니다

내리사랑 1

봄비
사뿐사뿐 오는 밤

잠든 아이
베시시 웃는 잠꼬대

복사꽃이 예쁜들
이 아이만 할까

살구꽃이 맑은들
이 아이만 할까

온 가족 사랑 포개고
또 포개어도

주님 사랑 한점만도 못하니
잠든 손주 머리맡에서 무릎 꿇는다

님의 은총

꽃잎은
바람이 닿아야
향기를 발하듯이

우리 삶은
님의 발 앞에
엎드릴 때 향기가 난다

모정(母情)

기뻐도
차마 웃어지지 않는 날

모란은
또 저리 눈부시게 웃는다

오늘따라 눈웃음이
사랑스러운 네가 또 보고 싶은데

아, 아
애잔함이여 너는 또 왜 거기에 섰는가

사랑의 터널

마음에
눈 내리는 날
동백나무 하얗게 눈꽃을 피운다

마음이
사선으로 그어지면
잿빛 하늘을 본다

서걱거리는 감성에
하늘 사랑 푸욱 찍어
마음에 칠한다

사랑한다는 것
사랑받는다는 것
모두가 아픔의 터널을 지나야만 가능한가 보다

사랑이 차오를 때까지

더 퍼낼
사랑이 없다고 느낄 때
잠시 멈추고 잠잠히 기다립니다

소리 없는 기도
들으실 님이 계시기에
그냥 그 자리에 앉아만 있습니다

예수 지신 십자가 뒤에
적어두신 아버지의 글
그 위에 말라 있는 깊은 통곡의 눈물자국

그 눈물자국에 배인
아버지의 마음이 읽힐 때 서야
내 작은 삶에 마르지 않을 사랑이 차오르겠지요

어미의 기도

창가에
하트 여럿을 그리다
입김을 불어 뽀드득 닦고 바깥을 봅니다

아이들이 오는 날
푸성귀 가득 씻어두고
고기라도 구워 먹을 요량입니다

호사스런 식탁 앞에서
부활의 현존을 느끼며
받은 은혜 서로 나누려 합니다

둘러앉은
우리들의 마음이
아버지께 영광이 되게 하시고

'그리 아니 하실지라도'의 삶에
복음 되신 예수 그리스도의 은혜가
빈틈없는 충만으로 채워지게 하옵소서

울고 싶은 마음

겨울비도 울던 새벽
울음을 삼킨 날이 이날이라

마음 놓고 울 수 있는 곳 찾아
소리 내어 펑펑 울고도 싶은 날

다 울지 못한 울음이
남아 있어서일까

아, 이리도 그리운 것은
님이 내 안에 넣어두신 모정(母情) 탓이겠지요

스물다섯의 그 어린 엄마의
아물지 못한 상처 탓이겠지요

중보기도

마음 상한
그를 위해
성전을 찾는다

굳이
내색하지 않아도
그대가

곁을
지키는 이 때문에
힘을 얻는다면

기꺼이
그 밤을
지새우리

님의
위로가
그에게 닿도록

하나님의 사랑 안에서

(24년 9,10월호 권두시/잠언 15~31장, 갈라디아서)

농부의
발걸음마다
벼 익어가는 소리 들리고
적삼에 베인 땀 마음을 시원케 한다

골목 어귀
구수한 된장 냄새
아내의 앞치마에 안겨
마중 나와 기다리고

들꽃 한 줌
내어미는 농부의 손
창조하신 눈과 귀로
님의 깊은 사랑을 보게 한다

다 이루신 주님의 십자가
그 끝에서 우리를 맞이하신 하나님의 사랑
믿음 안에 사는 우리의 작은 지혜로
아버지의 마음이 즐거우시나이다

본질상 진노의 자녀
이제, 약속의 자녀로 거듭나게 하셨으니
우리의 너그러움과 기도가
주님 말씀에 동여 매이길 소망한다

하나님의 사랑에 매이던 날

47년 전
떠남을 목도 하던 날
차마 생각조차 먹먹한 날

어떤 말도
어떤 생각도 할 수 없던 날
그저, 님의 뜻이 이루어지던 날

겨울비 그렇게 내리는 11월 새벽
아들의 배웅 길 눈물이 빗물 같은 날

시편 말씀을 읽어주며
배웅하던 아비의 모습에
하늘 아버지의 사랑이 보이던 날

하루를 다 채운 오늘
그날이 생각나 귓가에 빗소리 들린다

빛에 있을 것이니
염려 말라 소망 주신 날
부족하기 그지없던 부모라는 이름

늘 부끄러운 그리움에 젖은 어미는
서로 말하지 않아도 알 수 있는
아비의 꾸부정한 그리움에 마음을 보낸다

할미의 짝사랑

어느새
가을이 끼웃거리는 밤
지붕 위로 감이 퉁! 하고 떨어진다

이리 뒤척 저리 뒤척
폰에 저장된 사진 보노라니

앞니 몇 개 드러내고
까르르 웃어 주는 손주

할미의 무한한 짝사랑
손주 웃음소리
아침저녁으로
할미 뒤를 졸졸 따라 다닌다

| 5부 |

살며 생각하며

거울 앞에서

옅은 미소
화장끼 없는 얼굴
무척이나 고요해 보인다

친구 하자 할 만큼
무슨 말을 해도
들어 줄 것만 같은 여인

내 짐작이 맞다면
아마도 그녀는 수넴 여인같이
현숙한 여인이 되려고 연습 중 일게야

거울에
입김 불어
시간을 뽀드득 소리 나게 닦는데

겸연쩍은 웃음
나를 이끌어 거울 속 그녀 곁에 앉힌다

김장하는 날

고무장갑 끼고
온 가족 둘러앉아
절인 배추 뜯어 먹는 날

수육 냄새
대문 앞에 마중 가는 날
이집 저집 김치통 줄 서 있는 날

파김치 갓김치 배추김치 이름 불리우는 날
너도나도 입가에 양념 묻히는 날
마주 보며 하하 호호 크게 웃는 날

시골 아궁이에 할비와 손주들
호기심 초롱초롱 고구마 굽는 날
할아범, 오물거리는 손주 마주하며 사랑 주는 날

고요한 저녁 다들 돌아가고
뜨끈히 아랫목에 허리 누이며
감사로 스르르 꿈길 거니는 날

꽃처럼

꼬맹이 손녀랑
산책길에 데려온 꽃

식탁 물컵에서
하얀 꽃 방긋

할아범
손녀의 마음에 엄지척

우린 마주 보며
하하 호호 꽃처럼 웃는다

나목이 되어서야

나목이 되어서야
기둥에 푸른 이끼를 용납한다

나목이 되어서야
내 곁에 와 쉬려는 발자국소리 들리고

나목이 되어서야
구멍 속에 새들이 드나듦을 허락한다

나목이 되어서야
누군가의 기도 응답이 되려 한다

날 데려간 세월

세월은
애시당초 어디로
데려갈 생각이었을까

좋아하는 자작나무 숲이었을까
들꽃이 지천으로 핀 들녘이었을까
사계절을 업고 흐르는 강가였을까

세월이 나를 업고
덜컹덜컹 달리는 걸 보면
人生 광야를 지나 숲에 다다른 듯 하다

내 작은 삶 1

언젠가부터
지쳐 일어서지 못할 때
누군가 그늘을 만들며 손 내민다

고갤 들어 보니 님이시라
그 잠깐의 눈 맞춤이
이해받은 마음 되어 힘을 얻는다

내게도 울타리가 있었듯이
나 또한 다른 이의 울타리가 되기 위하여
마음과 생각에 근육을 키우는 중이다

내 작은 삶 2

귀가(歸家)길
햇살이 몸살이라도 났나 보다
이리도 뜨거운 걸 보니

신호등 앞에 서니
헉헉 숨이 차오르는데
가로수 정오의 그늘이 짧아져 있다

하루의 삶을 사색하다
마음 찌르르한 감격이 몰려온다
예수님이 나의 구주시라 감사

뜨거운 태양 아래
도보로 30분 이 또한
님의 허락한 하루의 시간

그 노파와
씨름한 반나절에 기진맥진
그럼에도 귀갓길 가로수의 짧은 그늘이면 족하다

내리사랑 2

유월, 산책길
산들바람 나를 이끌고
언덕배기 산딸기 곁에 세운다

검버섯
듬성듬성 꽃피운 손
익어 떨어질 듯한 딸기 앞에 조심스럽다

오물거릴 손녀 모습에
보릿대 모자 가득 담아 오셨던 할아버지
온 얼굴에 주름 만들며 산딸기 내미시던 그 사랑

어느새
내 손에 산딸기 한 웅큼
오물거릴 손녀 모습 생각하며 종종걸음을 걷는다

두려움의 실체

초겨울의 새벽길
길가 노방초 위에 서리가 하얗다
짙은 안개 속
뒤따르는 발자국 소리
여차하면 뛸 요량으로
발가락에 힘을 준다
예배당 문턱에 당도하니
등골에 땀이 주르르
하아,
검둥아, 너였니?

들꽃

돌보는 이
없는 듯 해도

바람이 지나가다 머물고
햇살이 정겹게 곁을 지키고

밤새 이슬 방울방울
들꽃 위에 또르르 맺힌다

들에 핀다 하여 들꽃이던가
따로이 불리우는 이름있다 해도

님의 돌보심을 받는
너를 그냥 들꽃이라 부를래

뜨락의 쉼터

초저녁
손톱달이 문 밖에 서 있습니다
낮 동안 얼마나 더웠으면
물 한 대야 떠 놓고
혹,
내가 없더라도
내 일러둘 터이니
꽃들이랑 밤새도록 놀다 가라고
저들은 입이 무거우니
속엣말 시원하게 털어놓고
지 의자에 앉아 발이라도 좀 담갔다가 가시라

소박한 꿈

어느 날
사택을 떠나 이사를 한다면
송정리 시골집에 정원을 만들겠어요

벗나무 아래엔
흔들의자를 둘까봐요
할아범과 나란히 앉아 눈 맞춤 하게요

울타리엔 매화나무를 심고
그 아래에는 소박한 꽃을 피우는
머위랑 부지깽이를 심겠어요

그 앞에는 꽃이 예쁜 살구나무
그 곁에는 손주 좋아하는 흑 자두를
대문 앞에는 어머니 좋아하셨던 모란을

송정리 작은 텃밭엔
오이랑 상추를 심겠어요
손님이 오실라치면 상추라도 뜯어 식탁에 올릴려구요

그 식탁에서
부활의 현존을 나눌 수 있는
이웃을 만났었으면 좋겠어요

씨앗 품는 흙

울 기력조차 없을 때
누군가 내게 심어둔 씨앗 하나

그 사랑으로
싹이 나고 꽃이 피었듯이

그들의 마음 밭에
심겨질 씨앗 하나

씨앗과 흙이 만나
서로의 내용이 님 앞에 올려 지는 날

길가든 가시밭이든 염려하지 않는 것은
야훼께서 그곳을 옥토로 만드실 것이기 때문이다

"신령한 능력에 대한 경외심과 섬김으로 이루어낸 빛나는 서정"

김 홍 식

목사/시인/평론가

1. 들어가면서

이혜좌 시인의 세번째 시집 "누군가의 고백"의 원고를 받아들고 1부에서 5부까지 찬찬히 읽어가는 가운데 선자의 가슴에 강하게 부각되어 오는 것이 있었다.

그것은 하나님의 신령한 능력에 대한 경외심이 1부에서부터 5부에 이르기까지 계속 연결되고 있음을 느낄 수 있었다.

이혜좌 시인은 시인이면서 여성으로서 한 가문의 딸로서, 어머니로서, 그리고 교회의 권사로서, 그의 신앙삶이 수넴여인의 신앙고백처럼, 루디아의 헌신같이 조용히 펼쳐지고 있었다.

꽃밭에 여러가지 꽃이 여기, 저기서 생각지도 않은 이런 저런 방해를 받으면서도 참고 견디어 내고 끝내는 앙증스럽고, 곱고, 아름답게 본연의 모습으로 각양 각색의 천성을 만개시키는 것과 같이 이혜좌 시인은 담담하게, 그의 신앙적 삶의 이상을 시에 접목 시키고, 그 과정을 여과없이 시로 표현하고,

자신의 모습 즉 그의 천성을 5부에 걸쳐 잔잔한 신앙서정으로 펼쳐놓고 있었다.

전능자를 향한 변함없는 경외심과 교회를 향한 바람과 그는 문학적 특성을 잘 살리고, 발휘하여 페이지 마다에 서정시의 매력을 조용히 발산하고 있었다.

그는 믿음을 가지고 살아왔기에 신령한 능력에 힘 입어서 그의 시는 단 한편도 부정적 시각의 시가 없었다.

그의 시 세계에는 낙관과 긍정이, 희망과 소망이 턱 자리하고 앉아 있었다.

이번 시집 "누군가의 고백" 속에는 하나님의 진리를 깨달은 신앙고백과 가족과 이웃 사랑의 서정적 잔잔 시편들이 그 모습을 조요로이 보여주고 있었다.

2. 평설

이번에 발행되는 세번째 시집은 모두 5부로 구성되어 있다.

1부 믿음, 2부 그리움, 3부 계절, 4부 사랑, 5부 살며 생각하며 등이다.

1부에는 거룩한 가정을 비롯하여 24편을 담고 있다.

이혜좌 시인의 시 속으로 들어가 볼 차례다.

가장 먼저 모습을 보이는 시는 "거룩한 가정" 이다.

이 시는 3연 12행의 정형적 서정시다.

여기서 정형이란 말은 각 연을 4행으로 통일 했기 때문이고, 그의 신앙의 삶을

"과수 나무의 아랫가지/ 연한 순같은 자녀들/ 아비가 붙어있는 언약나무 위/ 하늘 천사가 창가로 내려와/ 어머니의 기도소리를

대접에 담아 / 곁에 잠든 아가의 배네짓" 등의 신앙적 어휘가
어우러진 서정시다. *(거룩한 가정 일부)*

거룩한 가정의 모습을 나무에 비유하여 잘 마무리 했다.

사실 생각해 보면 그렇다.

기독교는 위로는 하나님을 경외하고 아래로는 부모님을 섬
기고, 형제와 우애하도록 가르치는 종교다. 구약시대에는 부
모를 멸시하고 불효하는 자식의 경우는 성 밖으로 내치고 큰
형벌을 받게 했다.

신약 성경에서는 부모공경을 인륜의 첫째로 하고 있고, 참
된 효를 가르치고 있다.

이혜좌 시인의 세번째 시집인 "누군가의 고백" 1부 첫번째
시의 제목이 "거룩한 가정"인 것은 참으로 의미있는 구성임을
알 수 있게 해 준다. 이혜좌 시인은 이 시집의 첫번째 시 "거룩
한 가정" 을 통해서 가장 이상적인 가정의 모습을 그려놓고 있
다.

신, 구약 성경을 통해서 살펴보면 여러 많은 가정의 이야기
가 기록되어 있다.

아담과 하와의 최초 가정을 비롯하여, 노아의 가정, 이삭의
가정, 신약에서는 요한복음 11장에 언급되는 나사로의 가정
과, 사도행전 10장에 등장하는 고넬료 가정의 이야기가 있다.
익히 알려져 있는 대로 고넬료는 로마에서 파견나온 군인장교
였다.

그는 경건한 사람이었다. 온 집으로 더불어 하나님을 경외
했고, 백성을 많이 구제했으며, 하나님께 항상 기도하는 사람
이었다.

여기서 주목해 봐야 하는 것은 "온 집으로 더불어 하나님을 경외했다"는 사실이다.

그는 가족 신앙에 성공한 사람이다.

사도행전 10장의 기록을 보면 그의 온 가족이 성령을 받았다. 말하자면 그의 온 가족은 함께 가는 사람들이었다.

하나님도 함께 믿고, 기도생활도 함께하고, 은혜도 함께 받고, 성령도 함께 받았다.

참으로 큰 축복을 받은 것이다.

고넬료 가정의 가족신앙이 보여주는 교훈이 있다.

그것은 부모의 경건한 신앙생활은 자녀들에게 영향을 미친다는 것과 자녀들은 부모의 신앙걸음을 따라야 복을 받는다는 것이다.

선자가 보아 온 이혜좌 시인의 가정은 어린 손자와 손녀에 이르기까지 온 가족이 한맘이 되어 주님을 경외하고, 교회를 섬기며, 신앙의 삶을 살고 있는 모습을 보면서 감동받은 바 있다.

거룩한 가정에 이어 "광야길의 길동무"로 이어진다.

그의 서정은 먼 지나간 시절 청년의 때에 만난 광야길의 길동무가 건넨 연필로 쓴 "생일 축하하오"란 손편지로부터 시작된다.

"청년의 때에 만나/ 사랑을 하고/ 광야 학교에 입학시키신 하나님/ 월반을 시키려 혹독하다"   (광야길의 길동무 일부)

45년을 함께한 세월을 5연의 시 속에 매우 정갈한 시어로 정리하고 있다.

"주의 사랑에 매여/ 한 곳을 돌아보는 우리/ 노년이란 옷을 입고

간다" 라고 했다.

믿음은 본래 하나다. 100년 전의 믿음이나 오늘의 믿음도 하나인 것이다.

에베소서 4장의 말씀을 보면 "주도 하나이요, 믿음도 하나요" 라고 했다.

그렇다. 우리가 믿는 믿음의 대상인 주님도 하나요, 그를 믿는 우리의 믿음도 하나인 것이다.

바울 사도를 떠올리지 않을 수 없다.

그는 에베소서 4장을 통해서 밝혀놓고 있다.

"그리스도의 장성한 분량이 충만한데 까지 이르리니" 라고 했다.

중요한 것은 그 믿음의 분량을 총동원하여 믿어야 한다는 것이다. 문학적으로 이 시인은 광야길의 길동무에서 이미지의 언어를 사용하고 있다. 이미지의 언어는 감각성을 지닌 언어를 가리키는 것인데 이미지가 있는 말은 가슴으로 느낄 수 있는 감성적인 영역을 말하는 것이다.

우리가 이 시를 접하면서 주목해 보아야 하는 것은, 시는 사실이나 지식을 전달하는 과학이 아니라 정서적 환기를 통해서 감동을 체험케 하는 것이 시의 목적인 것이다.

그러니까 이혜좌 시인이 사용하고 있는 이미지의 언어, 다른 말로 감각성의 언어는 시의 생명이 되는 언어이기에 "광야길의 길동무"는 살아 숨쉬는 이미지의 시가 되는 것이다.

뛰어난 이미지의 어휘가 수두룩한 시다.

다음으로 연결되는 시는 "새벽기도"란 시이다.

이 시는 신앙적 서정시로서 그의 일상이 담겨 있는 시다.

이 시를 통해서 우리가 생각해 볼 수 있는 것은 성경에 나타난 위대한 인물들은 하나같이 기도하는 사람들이었다는 사실이다.

우리가 좀더 깊이 성경을 살펴보면 성경은 "기도"의 책이다.

창세기부터 말라기까지, 마태복음부터 요한계시록에 이르기 까지, 기도에 관한 이야기들과 기도에 관한 기록으로 채워져 있기 때문이다.

이혜좌 시인의 "새벽기도" 속으로 들어가 보자.

"잠자리를 떨치기 힘들어/ 민기적 거리다가 겨우 일어난다/ 예배당 문 열고/ 늘 앉던 자리에 앉는다/ 내 자리를 지킬 수 있다는 은혜/ 기적같이 하루가 은혜안에 담긴다/ 님 사랑에 겨워 콧등이 시큰 하다/ 감사가 꽃같이 피어나고/ 세밀하신 성령님의 인도하심/ 친정 어머니께 물려받은 마음이다"
(새벽기도 일부)

헬라어에 "파라칼레오"란 어휘가 있다.

"가까이서 부르다"란 뜻이다.

생각해 보면 그렇다. 진실한 사이는 가까운 사이를 말하는 것이다.

기도는 "내가 가까이서 하나님을 찾는다" 라는 뜻이다.

가까이서 찾는다는 것은 숨김이 없다는 말이다.

하나님은 성전에서 우리를 만나기 원하시는 하나님이시다. 그래서 솔로몬은 하나님의 성전을 온 힘을 다해 건축했다. 그리고 그 성전에서 단번에 일천번제를 올렸다.

"코뿔에 걸린/ 손자가 오는 날/ 무얼 먹여야 입맛이 돌까/ 분주해 지는 마음은/ 친정 어머니께 물려받은 마음이다"

"손자를 생각하는 마음과 친정어머니께 물려받은 마음" 이란 대목이 가슴 찡하게 한다.

자고로 "딸은 엄마를 닮는다" 란 말이 있다.

이 시인의 이러한 마음은 어머니의 심성을 그대로 닮아서란 생각이 들게하는 대목이다.

이어지는 시는 "소망의 기도" 란 시다.

이 시는 연작시로 세 편이다.

소망의 기도 1 에서는 "우리가 뿌린 복음의 씨앗/ 혹 가시 밭에 떨어진다 해도/ 떨어진 씨앗이 그 땅을 옥토같게 하옵소서/ 우리 삶에 매서운 바람이 불지라도/ 부활소망으로 견디게 하옵소서" 의 기원을 담고 있고,

소망의 기도 2 는 "한해의 삶을 복 있는 사람으로/ 얼음박힌 겨울지나 봄 오듯이/ 사랑도, 기도도 주님 같게 하소서" 의 바람을 담고 있다.

소망의 기도 3 은 4연 17행의 정형적 서정시로서

1연 구원은 여호와께 속하였음을 잊지 않게 하옵소서.

2연 우리 마음은 주님의 것이니이다.

3연 신의 성품에 참여하는 믿음되게 하옵소서.

4연 우리 심령이 늘 소제되어 있게 하옵시고/ 고운 매화향처럼/ 우리 삶에 예수향기 나게 하옵소서"로 마무리 짓고 있다.

출애굽기 30장의 기록을 보면 하나님께 드리는 향은 최고의 것으로 드려야 한다고 기록되어 있다.

참고로 솔로몬의 경우를 살펴보면 그는 성전을 건축할 때 최상품을 사용했다.

금은 오빌에서 수입한 정금을 사용했다. 나무는 그 향이 은

은한 레바론의 백향목을 사용했다. 돌은 석질이 가장 우수한 예루살렘 근교의 것을 사용했다.

그렇다. 하나님께 드리는 것은 언제나 최상품 이어야 한다는 것이다.

이혜좌 시인의 소망의 기도를 요약하면 최고의 향품을 조화와 균형에 맞추어 배합하고, 기도하여 은혜받고 복음을 전하고, 매일이 즐거워 지고. 힘없는 신앙생활에 활력이 넘치게 해 달라는 기도다.

이 시인은 소망의 기도 3을 통해서

"주여 하나님이 우리 삶중에 계시도록/ 우리의 심령이 늘 소제되어 있게 하옵시고/ 저리도 고운 매화향 처럼/ 우리 삶에 은은한 예수향기 나게 하옵소서" 라고 기도하고 있다.

(소망의 기도 3 일부)

고린도후서 2장의 기록을 보면 우리를 "그리스도의 향기" 라고 했고 "각 처에서 그리스도를 아는 냄새를 나타내시는 하나님께 감사한다"라고 기록하고 있다.

생각해 보면 그렇다.

우리가 어떻게 사느냐에 따라 예수의 향기를 발할 수도 있고, 악취를 날릴 수도 있다는 말이다.

앞서 언급한 대로 향은 성도의 기도를 의미한다.

기도는 성도의 향연인 것이다.

이혜좌 시인은 이 시에서 *"우리의 심령이 늘 소제되어 있게 하옵시고/ 저리도 고운 매화향 처럼/ 우리 삶에 은은한 예수향기 나게 하옵소서"* 라고 기도하고 있다.

우리는 하나님께 향을 드리듯 기도해야 한다. 향이 하나님께 올라가는 것을 믿고 기도해야 한다. 향이 향기로운 것처럼 내 기도와 삶이 향기나는 것이 되게해야 하는 것이다.

이번 시집의 2부에는 "농부의 아내"를 비롯해서 30편의 시들이 담겨 있다.

"농부의 아내"를 보면 이 시는 매우 질서 정연한 시로 와 닿는데 그 이유는 매 연을 3행으로 통일한 정형적 요소가 가미됐기 때문이다.

"소나기 후두둑 소리에/ 하얀 고추꽃/ 놀라서 떨어지고/ 장독대/ 열어둔 뚜껑 닫느라/ 아낙네의 바쁜 발걸음/까맣게 그을린 얼굴/ 활짝 웃는 모습/ 가지런한 치아가 고추꽃 같이 예쁘다"
(농부의 아내 전문)

농부의 아내는 단연 이혜좌 시인의 어머니로 단정된다.

이 시를 읽고 있으면 이혜좌 시인이 어머니의 모습을 그대로 닮았구나 하는 생각이 든다. 어쩌면 이런 서정시를 빚을 수 있을까 하는 생각에 이르게 된다.

이 시를 읽고 있으면 그저 위안이 된다.

어머니의 눈빛, 어머니의 말과 행동, 순하고 고운 마음을 가진 농부의 아내, 그 얼굴이 그려지는 시다.

아마 모르긴 해도 이혜좌 시인은 이러한 엄마의 얼굴을 그대로 닮았을 것이란 생각이 든다.

좋은 일을 해야 한다는 마음, 사랑해야지, 도우며 살아야지, 주님을 기쁘시게 해 드려야지...

아름다운 마음과 순한 생각에는 언제나 숭고함이 그 속에 담겨 있는 것이다.

다음으로 모습을 드러내는 시는 "뜨락이 쓰는 시" 이다.

이 시는 이혜좌 시인의 고향 서정을 배경으로 한 낭만적 잔잔함이 가득 담겨 있는 시다.

송정리 뜨락과 앵두나무, 시인의 뜨락을 테마로 설정하고, 5연 15행으로 시를 마무리 하고 있다.

이 뜨락이 쓰는 시를 접하는 가운데 "자유"란 어휘가 떠올랐다.

현대는 매스를 숭배하는 시대다.

무엇이나 큰 것을 좋아하고, 커야만 되는 것처럼 생각한다.

하지만 결코 그렇치 않다는 것을 우리는 잘 알고 있다.

이스라엘은 작은 나라다. 아테네는 작은 소국으로 희랍 문화의 요람이 되었다. 서양의 문명은 이스라엘과 희랍의 작은 정신을 보고 배우고 발전했다.

이혜좌 시인에게 있어서 송정리 뜨락은 시와 감성이 자라나게 한 서정의 본토가 되는 곳이다.

송정리 뜨락에는 오늘도 꽃과 바람과 낙엽이 시를 쓰고 있고, 시인은 우두커니 그 시를 다 읽고 있는 서정의 뜨락이 되는 것이다.

다음은 " 못난이 엄마의 고백" 이란 시다.

이 시는 연을 구분하지 않은 산문적 서정시다.

아들과의 대화가 중심내용으로

"웃으면 보조개가 매력인 남자/ 치아가 왼쪽으로 살짝 쏠려 있음이 눈에 들어온다/ 교정의 시기를 놓쳐/ 미안한 맘 가득하다/ 오호라 나는 못난이 엄마다/ 아들이 아프고 나서야 아들을 알게 된 못난이 엄마/ 목소리 나긋하고 눈웃음이 매력적인 아들이 저

만치 가고 있다"   *(못난이 엄마의 고백 일부)*

이 시의 제목인 못난이 엄마는 결코 못난이 엄마가 아니다.

주요한 박사가 쓴 " 어머니의 넓은 사랑"을 떠올리게 하는 시다.

어머니의 대명사는 "희생"이다.

어머니는 자식을 위해, 희생했고, 남편을 위해 희생했다.

그래서 주요한 박사는 " 어머니의 고마움을 알려거든 먼저 어머니의 희생이 얼마나 컸는가를 알아야 한다고 했다.

그래서 그는 어머니의 사랑보다 더 귀한 것이 없다고 했고, 어머니의 그 사랑이 언제나 나를 감싸준다고 했다.

못난이 엄마의 고백 역시 그렇다.

사랑으로 감싸 안아 주는 어머니의 그 넓은 사랑이 있기에 어머니는 위대한 존재인 것이다.

이어지는 시는 "어머니의 세월을 훌쩍 넘긴 새벽에" 란 서정시다.

이 시는 한 편의 동화같은 시다.

"서리 하얗게 내리는/ 동짓달 깊은 밤/첫 닭 울때 쯤/ 걷어차버린 이불/ 끌어다 덮어 주시던 그 손길의 안온함/ 아궁이 군불 지피고 들어서는/ 어머니 치맛자락에/ 묻혀오는 새벽 찬 바람/ 이불 걷어차고 자는 손주녀석/ 한참이나 내려다 보니/ 어머니 더욱 그리운 이 새벽" (어머니의 세월을 훌쩍 넘긴 새벽에 전문)

이 시는 짧은 4연의 서정시 이지만 먼 지나간 시절 어렵사리 가정과 가족들을 돌보던 어머니의 심상을 가장 효과적으로 감동적으로 느낄 수 있도록 해주는 언어의 마술이 담긴 시라고 할 수 있다.

5-60년대에 어린 시절을 보낸 사람 이라면 살갗이나 뼈 마디를 통하여 느낄 수 있었던 언어들임을 직감하게 될 것이다.

걷어차 버린 이불을 가만히 끌어다 덮어 주시던 어머니 그 손길의 안온함과 이불 걷어차고 자는 손주녀석을 한참이나 내려다 보니 ..."

어머니의 삶과 나의 삶을 비교하여 전개되는 이 시는 아련한 5-60년대를 떠올리게 하는 시의 미학을 조성해 주는 시라고 할 수 있으며, 매우 신선한 감동을 안겨주는 시다.

3부 계절 편에 담긴 시들을 살펴볼 차례다.

3부에는 "7월의 전원을 시작으로 17편의 시가 담겨 있다.

7월의 전원속으로 들어가 보자.

이 시는 사실을 토대로 하여 창작된 설복이 가미된 서정시다.

사실을 사실로 정리하는 것은 가장 기초적인 글의 전개 방법이다. 하지만 7월의 전원 속에는 사람을 감동 시키는 서술의 묘사가 매우 우수하다.

"바람은 휘이 휘이/ 청포도 나무아래 숨어들고/ 농로를 건너온 개구리 헐떡헐떡/ 논두렁 콩 짧은 그늘을 피난처로 삼는다" (7월의 전원 일부)

등의 표현은 사실을 사실로 표현한 것이지만 묘사를 서술하는 대상과 장소의 절묘한 어울림을 포착한 표현은 놀라지 않을 수 없다.

"청포도 나무아래 숨어드는 바람이나/ 농로를 건너온 개구리 헐떡헐떡/ 논두렁 콩 짧은 그늘을 피난처로 삼는다" 등의 표현이 그것이다.

그리고 이어지는 "농부의 대문 앞 채송화/ 봉선화. 달맞이 꽃 피고 지고/ 아무렇게나 벗어둔 농부의 장화곁에 고양이 졸고 있다" (7월의 전원 일부)

우리가 시를 창작할 때 염두에 두어야 할 것이 있다.

그것은 시 속에 등장하는 대상을 두고, 그 동작이나 행동 등을 묘사 할 때 여러가지 상황이 있는데 그 상황을 절묘하게 포착하여 서술하는 것은 그리 쉬운 일이 아닌 것이다.

하지만 이 시인의 7월의 전원은 그 구체적인 묘사가 우수한 설복으로 정리됐다는 점이다.

3부에서 또 한편 아련 추억을 또 올리게 하는 시가 있다.

"넝쿨장미의 추억"이란 시다.

둘째 아들의 얘기인데 그 줄거리는 이렇다.

"초등학교 하굣길. 장미 한 송이를 얻어온 아들은 잰걸음으로 와서 "어머니 선물" 하면서 장미 한송이를 내밀었다. 장미가 피는 오월이 오면 생각나는 어미의 추억 한 토막 59년 전의 일이다." (넝쿨장미의 추억 일부)

어머니를 향한 어린 아들의 효행이 담긴 감동적인 서정시다.

59년 전의 작은 일화를 잊지않고, 한편의 시로 표현한 어머니와 장미 한송이를 얻어

"어머니 선물" 이라고 말한 그 아들은 어머니의 심성을 그대로 닮았을 것이란 생각이 든다.

4부 사랑편에는 "그리운 오라버니" 를 비롯한 15편의 시가

담겨 있다.

"가을 같은 웃음을 가진 오라버니/ 누렁댕이 호박같은 오라버니/ 바람과 손잡고 왈츠를 추는 오라버니/ 뜨락의 지푸라기를 몰고 다니던 오라버니/ 휘바람부는 오라버니..."
(그리운 오라버니 일부)

시인의 어린 시절이 담겨 있고, 온 사방 천지를 휘젓고 다니던 오라버니를 떠올리며 정리한 서정시다. 이 시를 읽고 있노라면 저만치 가을 같은 웃음을 웃고 있는 오라버니가 서 있다.

뿐만 아니라 이 시는 간결함이 돋보이는 시이기도 하다.

오라버니에 이어 그리움 2 의 시는 작은 언니를 향한 아쉬움과 안타까움과 슬픔과 그리움을 피력한 시다.

사람이 이 땅에 살면서 가장 안타까운 일은 부모를 여위는 일이나, 형제 자매와의 이별이라 할 수 있다.

19세기 영국의 수상 이었던 디스레일리의 말이다.

"생명에 이르는 힘이 있다. 그것은 희망이다.

어둔 밤이 지나면 반드시 새 아침이 온다.

검은 구름의 저편에는 언제나 태양이 찬란하게 비치는 법이다" 라고 했다.

하나님을 믿는 우리에게 주어진 특권이 있다.

그것은 시온에서 다시 민날 수 있는 소망이 있기 때문이다.

5부 "살며 생각하며" 속에는 "하나님 사랑에 매이던 날"을 비롯하여 13편이 담겨 있다.

"하나님 사랑에 매이던 날" 이 시는 47년 전의 슬픈 일화가 담긴 시다.

이 시에서 찾아볼 수 있는 것은 매 연 마다에 나타나는 비감어의 전개다.

1연 차마 생각조차 먹먹한 날

2연 어떤 말도 어떤 생각도 할 수 없던 날

3연 눈물이 빗물 같은 날

4연 시편 말씀을 읽어주며 배웅하던 아비의 모습

5연 그날이 생각나 귓가에 빗소리 들린다

6연 부족하기 그지없던 부모라는 이름 등의 어휘들이다.

각 연에 등장하는 비감어로 인해 매우 슬픈 시이지만 이 시의 테마가

"하나님의 사랑에 매이던 날"이다.

이혜좌 시인은 지난날 떠남을 목도해야 했다.

차마 생각조차 먹먹한 날을 경험해야 했다.

하지만 믿음으로 극복해 냈다.

헬라어에 "프라우테스"란 말이 있다.

"온유한"이란 말이다.

성경학자 바인은 "나에 대한 하나님의 처우를 저항감 없이 받아들일 때 생기는 심령의 평정"을 온유라고 했다.

다음으로 등장하는 시는 "할미의 짝사랑"이란 시다.

이 시는 매우 경쾌한 언어로 전개된다.

"지붕위로 감이 통 하고 떨어지고/ 앞니 몇개 드러내고 까르르 웃어주는 손주와/ 아침 저녁으로 할미뒤를 졸졸 따라 다니는 손주" (할미의 짝사랑 일부)

손주와의 일상에 대한 기록같은 동요풍의 서정시다.

이 시를 읽고 있으면 나도 모르게 즐거워진다.

신앙적으로 해석하면 이 시는 형통한 날의 고백같은 시다.

형통이란 막힘이 없다란 뜻이다.

우리 사람의 행동은 마음이 결정하고 좌우하게 된다.

울기로 마음을 먹으면 눈물이 난다.

웃기로 마음을 정하면 웃음이 나온다.

순한 마음을 가지면 부드러운 행동이 나오게 되고, 선한 마음을 품으면 선행이 나오게 되는 것은 삶의 진리임을 깨닫게 해 주는 시다.

3. 결어

이상으로 이혜좌 시인의 세번째 시집 "누군가의 고백" 속에 담긴 시들을 평설해 보았다.

이 시인의 서정성은 매우 독특하다.

대개의 시인들이 정형의 틀을 벗어난 자유시를 선호하지만 이 시인의 경우는 다르다.

그의 시들은 하나같이 서정성이 돋보이는 시들이다.

거기에 더해 이 시인의 시는 전능자께 의지하는 신앙의 시들이 주류를 이루고 있다.

뿐만 아니라 그의 시 속에는 온 가족이 시의 주인공 들이다.

거룩한 가정이 그렇고, 광야길의 길동무와 너는 내것이라, 부활의 계절에, 네 발에 신을 벗어라, 새벽기도, 소망의 기도, 십자가, 아바 아버지…" 끝없이 이어진다.

이혜좌 시인의 세번째 시집은 이 시인의 신앙 채점표 같다는 생각이 든다.

신앙의 채점은 어느 한가지만 잘한다고 해서 점수가 올라가는 것은 아니다.

신앙의 삶은 전인격적인 사건이기 때문이다.

신앙의 채점은 개인의 신앙생활과 교회의 신앙생활, 가정의 신앙생활과 사회 속에서의 신앙생활이다.

이번 시집에는 온 가족이 등장하고 있다.

이러한 견지에서 본다면 이혜좌 시인의 가정과 가족은 선자가 서두에 밝혔듯이 고넬료의 가정을 떠올리게 한다.

우리가 한 사람을 두고 "믿음이 좋다" 고 했을 때 그 좋다는 말은 "나보다 예수님을 더 소중히 여긴다"란 말과 같다.

나의 일 보다도 주님의 일에 우선권을 두는 것을 의미하는 것이다.

이번 세 번째 시집은 신령한 능력에 대한 경외심과 섬김으로 이루어낸 빛나는 서정이 가득 담겨 있는 시집이다.

그의 이러한 조요론 서정이 3집을 접하는 모든 독자들에게 한아름 감격을 안겨 주게 될 것을 기대하면서 평설을 마무리한다.

이혜좌 시집 03

누군가의 고백

인쇄일_ 2025년 08월 20일
발행일_ 2025년 08월 31일
발행인_ 이혜좌
디자인_ 디자인 평강
펴낸곳_ 디자인 평강(도서출판 평강)
　　　　　 창원시 마산합포구 남성로 28
　　　　　 ☎ 055) 245-8972
　　　　　 E-mail. pgprint@nate.com

ISBN 979-11-89341-39-8 (03600)